LA JOURNÉE

DES DUPES,

PIECE TRAGI-POLITI-COMIQUE,

REPRÉSENTÉE

SUR LE THEATRE NATIONAL

PAR

LES GRANDS COMÉDIENS DE LA PATRIE.

1790

PERSONNAGES.

BIMEAURA.
PECHEILLAR. } *Conjurés du grand Collége.*

CATEPANE.
MONTMICY.
MOLA.
ALMENANDRE. } *Conjurés du petit Collége.*

MOUNIER, *Citoyen vertueux.*

LAIBIL ; *on ne sait pas bien ce que c'est encore.*

YETAFET, *Officier.*

LA PEYROUSE, *voyageur.*

O PARIA, *Indien.*

Mde. DU CLUB, *Maîtresse d'auberge.*

M. GARDE-RUE, *Sergent.*

SOLDATS.

TROUPE DE BRIGANDS, *soi-disant: Nation.*

LA JOURNÉE DES DUPES

PIÈCE TRAGI-POLITI-COMIQUE.

ACTE PREMIER.

SCENE PREMIERE.

BIMEAURA, PECHEILLAR.

BIMEAURA.

Eh-bien, Pecheillar, tu t'applaudis sans doute de t'être associé à mes projets. Ta réputation, rivale de ma gloire, a déjà porté ton nom dans toutes les provinces du royaume. Mais ne nous bornons pas à de vains triomphes; la réputation, comme le ciment qui unit les diverses parties d'un édifice, ne doit être rien pour nous, si elle ne sert à consolider notre fortune.

PECHEILLAR.

Qui peut mieux que moi, Bimeaura, saisir la vérité de ce principe. De tout tems j'ai regardé la réputation des hommes, comme une vapeur legère, qu'un souffle élève, & qu'un souffle abaisse. Mon intérêt doit être pour toi, le garant de ma fidélité & de mon zèle. J'ai tout à gagner & n'ai rien à perdre.

BIMEAURA.

C'est là la position qui favorise les grandes entreprises ; aussi ai-je mis ma confiance en toi, comme un agent sûr & décidé. Je vais actuellement te découvrir, sans mystère, les nouveaux plans qui doivent assurer nos hautes destinées.

Il est tems, Pecheillar, de te faire distinguer les amis qui nous serevnt ; des rivaux que nous avons à combattre. Trois factions ont renversé le trône, tu les a toutes confondues dans leurs marche ; il faut te faire connoître leurs vues.

Reken, ivre de bonheur & de gloire, a cru que c'étoit trop peu pour un homme de son caractère, d'être le ministre d'un roi puissant. Son étonnante popularité lui a fait concevoir le hardi projet de s'établir médiateur entre le monarque & son peuple, croyant les maîtriser également, l'un par la crainte, & l'autre par l'espérance. Il a préparé la destruction des deux premiers ordres de l'état ; j'ai favorisé sa marche, parce qu'elle s'accordoit avec mes plans. Mais Reken n'a pas une ame faite pour les grandes révolutions. Reken a pris le masque de la vertu, ignorant, sans doute que si les saints peuvent attirer le peuple aux pieds des autels, il faut un autre caractère & d'autres moyens, pour le conduire à la brêche. Sylla, Catilina, Cæsar, Cromwell ; voilà les modèles qu'il faut suivre quand on veut boulverser un empire ; aussi avec un nom souillé, mais avec une audace qui ne respecte rien, je suis plus redoutable que lui. Reken a donc tremblé, quand il a vu que son pieux bavardage ne maîtrisoit plus ces flots impétueux que j'agite à mon gré. Il a balancé dans sa marche, je l'ai pris sur le tems, & l'attaquant avec courage, j'ai affoibli cette grande popularité ; j'ai dévoilé sa foiblesse, intimidé son génie ; mais Reken n'est point anéanti ; il convient encore à mes projets qu'il se traîne sans gloire sur le chemin de la liberté, dans lequel son ambition a imprudemment engagé ses premiers pas.

PECHEILLAR.

Ce n'est assurément pas là le rival que nous avons à craindre.

BIMEAURA

Non, sans doute, ce foible esprit est pour toujours abandonné à la honte & aux remords. Mais comme les évènemens semblent se jouer de la prudence des humains ; l'homme qui, sans génie, sans projet, s'est jetté dans le tourbillon, uniquement pour avoir l'air de jouer un rôle, eft celui que les circonftances veulent en vain élever au-deffus de moi. Yetafet veut anéantit la monarchie, pour former une affociation fœdérative. Il compte obtenir le commandement des milices des provinces confédérées, c'eft-là la récompenfe que lui promet le parti dont il fert les projets ; mais il le flatte d'un fol efpoir. En vain il cherche à couvrir fon ambition du voile de la popularité ; en vain il affecte de prendre avec foumiffion les ordres de Laibil ; la fauffe modeftie eft un cadre qui fait reffortir l'orgueil ; c'eft inutilement encore qu'il l'entoure de livrées fomptueufes, qu'il charge fon écuffon des anciennes abeilles des Rois francs, il faut autre chofe qu'un manequin doré pour faire un maire du palais.

Yetafet fait que je fuis inftruit de tous fes projets, il fait que je veux les combattre, mon audacieux génie l'allarme, &, au milieu de fa garde faftueufe, il tremble.

Tu vois, Pecheillar, que nous avons dû

marcher tous de front jufqu'à ce jour, puifque nos projets ne trouvoient d'obftacles que fur le trône. Mais cette journée doit mettre fin à notre union, l'événement qui fe prépare va décider notre fort.

PECHEILLAR.

De quelle impatiente curiofité tu remplis mon efprit.

BIMEAURA.

Tu connois mes principes; j'ai mis en mouvement les deux grands agens du monde: l'intérêt & la vanité. Déjà ces avocats, dont la horde obfcurcit l'affemblée, fe croyent autant de potentats. Ces enfants perdus que j'ai enlevés à leurs familles, & que mon génie dirige, penfent être des hommes, & font flattés de voir divulguer un fecret qui n'étoit encore connu que du précepteur qui les avoit fouettés la veille. Des courtifans, idolâtres de l'autorité, jouent toujours le même rôle, ils encenfent leur idole entre les mains du peuple. Le parjure & l'ufure ont décidé la marche d'un pontif ; des *pafteurs* fubalternes & ignorans, égarés par l'avarice & l'orgueil, efpèrent partager la puiffance & la fortune de leurs chefs ; le bourgeois engoncé fous fes larges épaulettes, fe croit le rival d'Alexandre ; le peuple fouffre, je le fais ; mais l'efpérance le foutient encore, & je ne puis m'empêcher d'admirer avec toi la crédulité de cette tourbe ignorante, à qui il m'a été fi facile de perfuader que je paffois fubitement du genre de vie diffolue dans laquelle nous avons vécu, pour braver en fa faveur tous les dangers, me livrer aux plus pénibles travaux, fans aucun intérêt perfonnel, uniquement guidé par le faint amour de l'humanité. Non, peuple infenfé, Bimeaura feroit plus peuple que toi, s'il ne s'élevoit pas à de plus hautes idées !

Je veux être maître, Pecheillar, & n'ai encore rien fait pour le devenir. Les deux premiers ordres de l'état anéantis, l'armée débauchée, les tribunaux fupprimés, l'honneur françois fouillé par mille atrocités, la difcorde, à la voix de mes agens, secouant par-tout ses flambeaux ; tout est inutile sans le coup qu'il faut frapper aujourd'hui. La présence du monarque m'offusqe, le grand caractère de la reine m'effraye, il faut que tous ces phantômes importans disparoissent.

PECHEILLAR.

Mais je ne te vois aucuns moyens suffisans dont tu puisse disposer pour une si grande entreprise. Où sont tes soldats ?

BIMEAURA.

Mes soldats ! j'ai de grands trésors que je prodigue, & songes qu'un soldat, qui une fois a vendu son honneur, a toujours un marché ouvert avec celui qui peut le payer.

PECHEILLAR.

Mais ne crains-tu pas que ton ton projet ne soit connu, & qu'une main vengeresse....

BIMEAURA.

Ne crains rien pour moi, tous mes ennemis font parmi les gens délicats & honnêtes, & je difpofe du fer & du poifon des fcélérats. Mon plan eft bien combiné, rapporte-t-en à mon génie ? Je me fers de la vanité d'Yetafet qui veut avoir le monarque fous fa garde, je l'ai excité par mes émiffaires ; mais tout fera confommé par les mains les plus viles. Le roi prendra la fuite, & fon époufe...... Mais quel bruit entends-je ? C'eft le peuple qui s'attroupe, il faut lui parler, & je t'inftruirai après du rôle que tu dois jouer dans cette importante journée.

SCENE II.

BIMEAURA, PECHEILLAR, *une Patrouille de la Garde Nationale, du Peuple.*

(. *Deux Sentinelles placés vis-à-vis l'un de l'autre.*)

(. *ensemble.*)

Qui vive !

UNE POISSARDE.

N'ayes pas peur, patrouille, c'eſt moi.

LES DEUX SENTINELLES (*ensemble.*)

Paſſez de l'autre côté.

LES POISARDES.

Eſt-ce que la rue a trois côtés ? Vaudroit autant nous dire de nous en aller.

(*appercevant Bimeaura.*)

Hé ! c'eſt notre vigoureux.

Par quel haſard notre gros papa eſt-il hors de

Piece Tragi-Politi-Comique. 15

chez lui de si bon matin.

BIMEAURA.

Mes enfans, je veille toujours pour votre bonheur.

UNE POISSARDE.

Faut convenir, Mesdames, que j'avons là un brave galant; il faut mon vigoureux, que je te plante deux bons baisers sur tes grosses joues.

UNE POISSADE.

T'as raison, Catherine, il le mérite bien ; car il paye mieux qu'un Prince.

BIMEAURA.

Rien ne me plaît, Mesdames, autant que ces témoignages de votre tendresse.

UNE POIRSARDE.

Il a ma sinte lâché le mot; c'est que je t'aimons bien. Je ferons toujours tout ce que tu voudras; tu comme j'étions prêtes pour ce chien de *veto*; mais actuellement, mon vigoureux dis nous donc qu'euque c'eſt que cette vermine là ?

Bimeaura.

Mais ce ſeroit peut-être bien long à vous expliquer.

Une Poiſſarde.

Pardienne, mon vigoureux, toi qui as tant d'éloquence, tu nous diras ça en quatre mots. J'entendrons toujours aſſez bien. Tiens, c'eſt que jamais je ne ſavons les choſes qu'après que je les avons faites, & je voulons nous exercer pour envoyer nos Députés à l'aſſemblée nationale.

Bimeaura.

Eh bien, voici ce que c'eſt que le *veto*. Il y en a de deux eſpeces ; l'un eſt abſolu & l'autre ſuſpenſif.

Une Poiſſarde.

Tians, Catherine, vois-tu comme il parle ; c'eſt du biau ça, dame.

Bimeaura.

Imaginez-vous que vous êtes dans votre

votre maison bien tranquille, la table mise, toute votre famille s'apprête à manger la soupe, il prend fantaisie au roi de dire *veto*, et sur le champ il prend votre soupe, et vous laisse là, emportant votre dîner.

UNE POISSARDE.

Qu'eu chienne de gueule! je ne voulons pas de cet absolu, ça rime à mon cul.

UNE AUTRE POISSARDE.

Mais, mon vigoureux, j'ons donc queuque chose de cette affaire-là; car j'ons le si pensif.

BIMEAURA.

Oui, vous avez le *veto* suspensif; mais c'est comme si vous n'aviez rien. Car lorsque le roi aura dit son *veto*, vous avez encore plus de deux ans pour manger votre soupe.

UNE POISSARDE.

Oh! morbleu, je ne laisserai jamais refroidir la mienne.

Bimeaura.

Vous voyez avec quel zèle nous vous servons, nous courons bien des dangers, mais nous ne craignons rien, tant que nous sommes sûrs de vos services. Songez que nous avons des ennemis communs, on vous les fera toujours connoître sous le nom d'aristocrate; il n'en faut épargner aucun. Ainsi obéissez aveuglément aux gens qui vous donneront des ordres. Adieu, Pecheillar, suis-moi.

Toutes les Poissardes *ensemble*.

Je brûlerons notre dernier juppe plutôt que de l'abandonner.

Une Poissarde.

De quelle diable de chicane il nous a débarrassé là. C'étoient les aristocrates qui qui vouloient ce *veto* pour manger notre pain; ah! les chiens.

Un homme de la troupe.

Je vais mettre quatre charges dans mon fusil, et le premier aristocrate que je rencontrerai payera pour le *veto*.

Une Poissarde.

Mesdames, allons joindre nos camarades qui nous attendent, car il y a quelque chose de grand à faire aujourd'hui.

Le peuple sort, excepté quelques traîneurs qui voient arriver M. de la Peyrouse et o Paria; ils les observent.

SCENE III.

LA PEYROUSE, O PARIA;
quelques gens du Peuple.

La Peyrouse.

Mon cher O Paria, tu as trop pleuré ta patrie pour être étonné des transports qui agitent mon cœur en voyant mon pays. Le spectacle que t'ont présenté des marins fatigués d'une longue navigation, a suffi pour t'inspirer le desir de connoître la France; mais quels tableaux sublimes et ravissans vont s'offrir ici à ton esprit observateur, vont pénétrer ton cœur sensible. Un territoire immense, une population nombreuse, gouvernés par des ressorts invisibles qui entretiennent par-tout l'harmonie, la confiance et bonheur. Tes yeux vont être éblouis de l'éclat du trône. Tu vas voir le plus grand monarque de l'univers tempérant sa puissance et sa force par sa modération et ses vertus pacifiques, près de lui une reine brillante de gloire et de beauté, adoucissant par une affabilité touchante cet air de majesté qu'elle tient de la nature et de son grand caractère.

UN HOMME DU PEUPLE (*bas à la troupe*).

Quel langage! c'est bien là un aristocrate. Courons vite chercher du monde pour l'arrêter.

(*Ils sortent*).

LA PEYROUSE.

Tu vas sur-tout admirer l'urbanité et la douceur de ce peuple aimable, son idolâtrie pour son roi, cet esprit piquant et ingénieux qui fait de la capitale le temple des arts, des spectacles enchanteurs, une police plus étonnante encore, les plaisirs et la sûreté attirant de toutes parts des voyageurs curieux, qui viennent ici répandre à grands flots les richesses des nations étrangères ; tu seras touché sur-tout de l'accueil flatteur dont ce peuple généreux va récompenser mes travaux et mes dangers ; tu vas voir jusqu'à quel point les Français sont dignes....

SCENE IV.

LA PEYROUSE, O PARIA, LE PEUPLE, M. GARDE-RUE, Soldats.

Le Peuple (*revient en criant*)

A bas la cocarde blanche !

La Peyrouse.

Que signifie ce langage ?

Le Peuple.

A bas la cocarde blanche !

La Peyrouse.

Ignorez-vous donc qu'un soldat Français n'abandonne jamais ses couleurs ?

Le Peuple.

Un soldat ! Il n'y a plus de soldats en France, il n'y a que des citoyens.

La Peyrouse.

Retirez-vous, canaille ! ou je vous ferai bientôt sentir qu'on n'insulte pas impunément devant moi l'armée Française.

Le Peuple.

C'est ainsi que tu oses parler à la nation ! (*Ils se jettent sur lui, lui arrachent sa cocarde, et lui volent ses boucles, sa montre, et tout ce qu'O Paria possède*).
A bas la cocarde !.... Il faut que tu fasses un don patriotique.

(*La patrouille arrivée.*)

M. Garde-rue.

Paix là ! paix là ! Messieurs les Citoyens ; de grace point de bruit !.... Au nom de dieu, au nom de la loi ! permettez que j'approche. (*Il sépare le peuple.*)

La Peyrouse à M. Garde-rue.

Ah ! Monsieur, vous arrivez bien à propos pour me tirer des mains de ces brigands.

M. GARDE-RUE.

Modérez-vous, Monsieur, dans vos expressions; ces brigands sont des hommes.

LE PEUPLE.

C'est un aristocrate! à la lanterne!

LA PEYROUSE.

J'imagine, Monsieur, que vous ne venez pas ici pour appuyer ces gens-là dans leur criminelle entreprise.

M. GARDE-RUE.

Monsieur, les droits de l'homme sont en vigueur, et je n'ai que la voie de la représentation, jusqu'à ce que la loi martiale soit publiée. Mais ces Messieurs sont des citoyens qui aiment autant la justice que la liberté.

LE PEUPLE.

C'est un aristocrate! à la lanterne!

M. GARDE-RUE.

Patience, Messieurs! je ne viens pas ici pour m'opposer à la volonté souveraine

souveraine de la nation ; mais vous ne refuserez pas, sans doute, d'entendre cet homme, qui n'a pas trop son esprit à lui.

(*A la Peyrouse*).

Qui êtes-vous, Monsieur ?

LA PEYROUSE.

Moi, Monsieur, je suis un voyageur.

M. GARDE-RUE.

Vous avez donc un passeport de votre district ; veuillez bien me le communiquer.

LA PEYROUSE.

Un passeport de mon district, que voulez-vous dire, Monsieur ?

M. GARDE-RUE.

Vous savez bien, Monsieur, que depuis que nous sommes libres, on ne voyage pas sans permission de sa paroisse.

LA PEYROUSE.

Depuis que nous sommes libres !.....

Un passeport de mon district..... Je ne vous comprends pas, Monsieur.

M. Garde-rue.

Mais au moins, avez-vous sur vous la permission du district pour porter un sabre.

La Peyrouse.

Est-ce qu'un gentilhomme a besoin d'une permission pour porter ses armes ?

Le Peuple.

Un gentilhomme !.... c'est un aristocrate !.... à la lanterne.

M. Garde-rue.

Prenez-garde à ce que vous dites, Monsieur. Vos réponses ne sont nullement satisfaisantes. Vous voyez qu'elles ne plaisent pas à la nation ; elle finiroit par vous pendre ; il faut me suivre à l'hôtel-de-ville. (*aux soldats*). Messieurs les soldats ! attention, je vous prie, au commandement !.... Faites-moi l'honneur d'envelopper cet homme !

Un Grenadier.

Mais, M Garde rue, ce n'est pas comme cela qu'on commande. Je vais vous faire voir ce que c'est..... attention!.... à droite et à gauche, ouvrez les rangs!... marche!... alte!... voilà votre homme enveloppé.

M. Garde-rue.

Ah! Monsieur le grenadier, que je vous ai d'obligation; vous m'avez tiré là d'un grand embarras.

La Peyrouse.

Comment, Monsieur, vous m'emmenez comme un criminel, et ces brigands qui m'ont maltraité et dépouillé restent libres.

M. Garde-rue.

Monsieur, je ne sais qu'y faire. Je vois que vous ne connoissez pas encore bien la liberté. Vous êtes venu dans un mauvais moment, et vous voilà justement entre les droits de l'homme et la loi martiale.

LA PEYROUSE.

Expliquez-moi ces énigmes.

M. GARDE-RUE, *(avec un sourire de mépris).*

Je vois bien, Monsieur, que vous n'avez lu aucun des décrets de l'assemblée. Voici ce dont il s'agit. Nous avons obtenu les droits de l'homme ; dès ce moment tout ce que vous appellez, dans votre langage aristocratique, brigands, canaille, règne et fait tout ce qui lui plaît ; quand cela devient trop fort, on publie la loi martiale : c'est une finesse des aristocrates, parce qu'alors on tue tout le monde ; ce qui établit l'équilibre, et fait une compensation. C'est par cette sublime combinaison qu'on a trouvé moyen de rendre libre et tranquille, tour-à-tour, les citoyens et les aristocrates.

LA PEYROUSE.

Je rêve, sans-doute.

LE PEUPLE.

Vive le tiers-état ! ou à la lanterne!

M. GARDE-RUE.

Criez, Monsieur, criez.

LA PEYROUSE.

Que voulez-vous que je crie ?

M. GARDE-RUE.

Ce que la nation vous commande.

LE PEUPLE.

Vive le tiers-état ! ou à la lanterne !

M. GARDE-RUE.

Criez, Monsieur, criez, ou je ne réponds pas de vos jours.

LA PEYROUSE (*en sortant*).

Vive la lanterne ! vive la lanterne !
       (*Ils sortent*).

O Paria reste.

SCÈNE V.

O PARIA, *seul.*

IL y a si long-temps que le capitaine est sorti de France qu'il n'en sait plus trouver le chemin ; il s'en croyoit plus près qu'il ne l'est. Il savoit mieux le chemin de nos Isles que celui de son pays...... Mais qu'est-ce que c'est que nation, pour qui ces gens-là m'ont dépouillé. C'est, sans doute, quelque tyran qui pille les voyageurs. Pour moi je regrette bien peu mes boucles ; je marcherai aussi bien pieds nuds. Je vais suivre le capitaine ; car sans lui je ne trouverai jamais le chemin de cette belle France.

(Il sort).

Pièce Tragi-Politi-Comique.

SECOND ACTE.

SCÈNE PREMIÈRE.

YETAFET, *(seul)*.

Quels mouvemens ont-ils donc foit naître dans mon cœur?..... Sans doute ils ont raison........ Mon rôle est secondaire ; il manque quelque chose à ma gloire...... Un autre étale sa puissance sous les yeux de son ancien maître ; il protège la cour ; il assure la tranquillité de l'assemblée...... Et moi je règne sur des bourgeois, qui, à chaque instant, me disputent l'empire ; tout ce qu'il y a de grand fuit l'enceinte des murs où je commande. Que m'importe de déployer toute la pompe de l'autorité devant un peuple séduit et ignorant ; il me faut d'autres regards, et la gloire sans témoins est un palais sans lumières..... Oui!...

plus je réfléchis à cette grande entreprise, moins je vois de difficultés à l'exécuter.... Tout tremble au bruit de mes tambours.... Les soldats français désertent aujourd'hui leurs drapeaux, dès qu'il s'agit de les défendre...... Le Prince trouvera peut-être quelque appui dans la fidlité de ses gardes? Mais leur petit nombre trahira leur courage et leur zèle...... Allons le parti en est pris..... S'il faut un roi à la France, je veux en être maître; s'il doit perdre l'empire, je veux pouvoir m'en faire un mérite.

SCÈNE II.

YETAFET, LAIBIL.

LAIBIL.

Quel parti prenez-vous? le temps presse; déja le peuple s'assemble.

YETAFET.

Je veux, mon cher Laïbil, assurer votre

votre autorité et ma gloire ; je marcherai à la tête des troupes.

LAIBIL.

Ah ! c'est nous assurer la victoire.

YETAFET.

Mais, écoutez, Laibil, il faut ici allier la prudence au courage. Il ne faut pas nous laisser soupçonner d'ambition ou d'intrigue. Quand on a long-temps porté le masque, il ne laisse voir, en tombant, que des traits défigurés et ternis. Autant notre modestie nous a été utile, autant elle nous rendroit odieux si nous nous laissions pénétrer. Il convient donc que nous ayons l'air de ne prendre aucune part à cet évènement ; qu'une longue résistance constate notre répugnance, et que la violence à laquelle nous aurons l'air de nous soumettre, soit d'avance la preuve de notre innocence ; vous connoissez ma marche de ce jour ; elle ne variera pas.... Vous, restez ici ; remplissez à l'ordinaire vos fonctions, et lorsqu'il en sera temps vous me ferez avertir.

(*Il sort.*)

SCENE III.

LAIBIL, *seul.*

QUEL manège!... Voilà donc les profondeurs de la politique! Grand dieu! tu lis dans le fond des cœurs, tu sais que nous n'en sommes pas tous également coupables!

SCENE IV.

LAIBIL, LA PEYROUSE, O PARIA, LE PEUPLE, LA GARDE.

Le peuple (lance avec violence sur la scène la Peyrouse sanglant et en désordre).

V'LA un aristocrate;... un traître.... faut le pendre et le juger!

LAIBIL.

Ah ! voilà sans doute quelque victime qu'il faut que j'arrache à leur fureur.

LA PEYROUSE (*reconnoissant Laibil*).

Mais c'est lui...... Quel costume nouveau !..... Oui, c'est Laibil...... Ah ! mon cher Laibil, quel bonheur pour moi que de rencontrer un honnête homme ! Instruisez-moi, de grace qu'est-ce que... tout m'étonne et me bouleverse.... (*Il veut embrasser Laibil*).

LAIBIL (*le repousse avec dignité*).

Respectez ma mairie..... Songez que vous parlez à votre chef et votre juge.

LE PEUPLE.

Ah ! ah ! vois-tu comme il refuse ce baiser de Juda ! Ces aristocrates sont les amis de tout le monde quand ils ont peur. A la lanterne, d'abord !

LA PEYROUSE.

Tout le monde est fol !..... *(Il crie de toute sa force)*. Laibil ! Laibil ! réveillez-vous ! reconnoissez-moi ! reconnoissez-vous !

LAIBIL.

Citoyen, je vous reconnois fort bien, et vais procéder à votre interrogatoire.

LE PEUPLE.

Point tant de cérémonie, monsieur le juge, c'est un aristocrate ; j'allons le mettre à la lanterne, et vous ferez vot' métier après, vous aurez du temps de reste pour çà.

LAIBIL.

Au nom de la loi, Messieurs, permettez que je l'interroge.

LE PEUPLE.

C'est inutile, la nation l'a condamné, Qu'eu que c'est que la liberté, si je ne pouvons faire tout ce que je voulons ?

Laibil.

Je sais tout le respect que je dois à la voix du peuple ; mais si son interrogatoire nous fait connoître les chefs de la conspiration, si au lieu d'un coupable vous en avez trente à punir.

Le Peuple.

Ma finte, il a raison ! C'est un brave Magistrat que ça ! Interrogez donc, Monsieur, mais de manière à lui faire tout dire, et lui tirer les vers du nez. J'allons tout écouter ; car la justice est publique. Ça va bien mieux dà ! depuis que je nous en mêlons.

Laibil.

Homme, quel est votre nom ?

La Peyrouse.

Le Comte de la Peyrouse.

Le Peuple.

Je l'avons bian déniché, c'est un Comte ! à la lanterne !

LAIBIL.

Quel est votre état ?

LA PEYROUSE.

Je suis militaire.

LAIBIL.

Avez-vous prêtez le serment !

LA PEYROUSE.

Oui ! J'ai juré d'être toujours fidèle au Roi.

LE PEUPLE.

Voyez-vous ! le chien d'aristocrate ! à la lanterne !

LAIBIL, (*par forme de conversation*).

Avez-vous trouvé le fameux passage ?

LA PEYROUSE.

Oui ! et si mes vassaux avoient été en meilleur état, je serois arrivé par-là.

Le Peuple.

L'avez-vous bien entendu, monsieur le Juge, il a découvert le fameux passage de Mont-Martre, et il auroit conduit ses vaisseaux pour foudroyer Paris ! Ah ! le chien de traître ! vous verrez que c'est queu qu'égoût que je ne connoissons pas ! Ces aristocrates profitent de Tout. Ne pouvant avoir la ville d'assaut, ils veulent la prendre à l'abordage.

Laidil (*avec gravité*).

Etes-vous depuis long-temps à Paris ?

La Peyrouse.

Ce Peuple le sait aussi-bien que moi. J'arrive.

Le Peuple.

Oh ! je fesons bonne police, je l'avons arrêté à temps, le traître ! il alloit peut-être ouvrir la porte de l'égoût à ses vaisseaux.

Laidil (*toujours en accusant*);

Avez-vous fait des cartes ?

La Peyrouse.

Oui, j'en ai beaucoup ! mais ce n'est pas le moment de les montrer.

LE PEUPLE.

Faudra bien qu'il les montre. J'allons le fouiller. Voyez queu chien ! C'est lui qui a fait les cartes pour le fauxbourg Saint-Antoine. Queu capture j'avons fait-là. C'est peut-être le Comte d'Artois.... Faudra lui demander ça bien finement.

LAIBIL *(à part)*.

Je suis combattu par les devoirs de ma place, et mon amour pour les sciences.,.... Mes questions indiscrètes le conduisent au bord du précipice..... Il faut l'éloigner. (*à la Peyrouse*). Sortez un moment. *(La Peyrouse sort)*.

(Au Peuple).

Vous voyez comme il se compromet par ses réponses, il faut le laisser libre, et sa conduite nous en découvrira bien davantage.

LE PEUPLE.

Oui, c'est bian fait. Je le reprendrons toujours, et si cela en fait prendre trente, comme vous nous le promettez, ça ne fera que reculer pour mieux sauter

LAIBIL.

Qu'on le fasse rentrer. *(La Peyrouse rentre.)*
Citoyen vous êtes libre. Je vais vous donner quatre fusiliers pour vous conduire.

LA PEYROUSE.

Je vous prie, Monseigneur de Laibil, de me permettre de vous confier un billet que je vais écrire ; il concerne mes plus chers intérêts.

(Il écrit son billet, et le donne à Laibil.)

Je ne puis trop vous remercier de la justice que vous m'avez rendue.

(Il sort.)

SCENE V.

LAIBIL, LE PEUPLE.

LE PEUPLE.

Voila une justice faite ; mais j'en avons une autre encore qui presse.

LAIBIL.

De quoi s'agit-il, mes chers concitoyens ?

LE PEUPLE.

Je voulons aller couper la tête à ces chiens de garde-du-corps qui font des gueletons pendant que je mourrons de faim.

LAIBIL (*à part.*)

Bon.... (*au peuple.*) Mais êtes-vous bien instruits de cette prétendue offense ?

LE PEUPLE.

Oh, que oui ! Je l'avons lu dans un petit imprimé. Ils ont fait un grand cas baret; ils ont mangé plus de quinze cents livres de pain, et bu à l'avenant; et puis ils ont dit au roi et à la reine qu'ils l'aimions bien; je n'aimons pas ces façons-là.

LAIBIL (à un confident.)

Sont-ils nombreux ?

LE CONFIDENT.

Oui.

LAIBIL.

Faites avertir le général.

LE CONFIDENT.

Tout est prêt. Il avoit donné ses ordres; il va arriver dans l'instant.

SCENE VI.

YETAFET, LAIBIL, LE PEUPLE.

LE PEUPLE.

Ah! v'là le révolutionneux!

YETAFET

Qu'y a-t-il pour votre service, mes amis?

LE PEUPLE.

Faut que tu nous conduises à Versailles.

YETAFET.

Je suis fait pour obéir à toutes vos volontés, et mourir à votre service; mais permettez que je vous représente.

LE PEUPLE.

Il n'y a pas de représentation qui tienne, faut marcher.

YETAFET.

Mais songez combien de malheurs vont être la suite de cette démarche.

Le Peuple

Je n'avons pas besoin de hiaux discours. Je t'avons fait not' commandant pour que tu nous obéisses ; ainsi marche, ou à la lanterne !

Yetafet *(à Laibil.)*

Vous l'ordonnez, Monsieur.

Laibil.

C'est la volonté du peuple.

Yetafet.

Allons mes amis, je vais mourir à votre tête.

(Tous sortent.)

ACTE III.

SCENE PREMIERE.

La Peyrouse *(entre dans la salle d'un hôtel au palais-royal.)*

Fut-il jamais un homme plus malheureux ! assailli, persécuté au milieu de ma patrie, ne reconnoissant ni ses loix, ni ses troupes, ni ses juges, je ne trouve aucun appui, je ne puis même rencontrer un ami qui m'explique ce que mon esprit ne peut concevoir.... Mais enfin je goûterai peut-être un peu de calme dans cette maison, et j'y prendrai les instructions que je ne sens que trop m'être nécessaires... Holà, quelqu'un !

SCENE II.

LA PEYROUSE, LA MAITRESSE DE L'HOTEL.

LA PEYROUSE.

Ah ! Madame, je suis au désespoir que vous ayez pris la peine de venir vous-même.

LA MAITRESSE.

Monsieur, je ne fais que mon devoir.

LA PEYROUSE (*à part.*)

Enfin je vais trouver un être raisonnable. Madame, je viens m'établir chez vous.

LA MAITRESSE.

Monsieur, vous ne pouvez mieux faire. Vous saurez toujours les nouvelles le premier ; car tous ces Messieurs de l'assemblée se réunissent ici. Qu'est-ce que Monsieur desire pour son dîner ?

LA PEYROUSE.

Ce que vous voudrez, Madame, un poulet et des cotelettes de mouton.

LA MAITRESSE.

Il est indifférent pour Monsieur que ce poulet soit un perdreau, et les cotelettes du chevreuil.

LA PEYROUSE.

Je préfère le mouton et la volaille.

LA MAITRESSE.

Il n'y en a pas dans la maison. Depuis la révolution on ne mange que du gibier en France. Monsieur est-il bien pressé de dîner ?

LA PEYROUSE.

Pressé, Madame, je n'ai rien pris de la journée, et je suis horriblement fatigué.

LA MAITRESSE.

Il faudra que Monsieur ait la bonté d'attendre un moment, parce que le cuisinier fait un service.

LA

LA PEYROUSE.

Que je ne vous dérange pas ; je n'ai pas besoin de beaucoup d'apprêts, & puisque le cuisinier fait un service, il peut me faire réchauffer quelques plats sans que cela le dérange.

LA MAITRESSE.

Monsieur ne me comprend pas bien ; c'est son service militaire qu'il fait en ce moment ; il est au corps-de-garde.

LA PEYROUSE (avec surprise).

Son service militaire !

LA MAITRESSE.

Oui, Monsieur, il est major, & sans mon compere qui est colonel, il l'eût été, car c'est un bel homme. Messieurs les gardes-françaises ont rechigné un moment, mais les bourgeois les ont mis à la raison. Notre tour de commander est enfin venu.

LA PEYROUSE.

Me voilà retombé dans les mêmes énigmes ! . . . . Madame, pendant que

D

nous cauferons ici, ayez la bonté de me faire donner un morceau de pain.

LA MAITRESSE.

Volontiers, Monfieur, je vais donner des ordres, & fi nous pouvons avoir feulement deux fufiliers, vous en aurez dans moins de deux heures.

LA PEYROUSE.

Deux heures! deux fufilliers!

LA MAITRESSE.

Oui, Monfieur. Oh, que cela ne vous inquiete pas, nous ne manquerons pas de fufiliers, depuis que nous fommes libres, tout le monde eft foldat.

LA PEYROUSE.

Mais, Madame, ce mot de liberté retentit fans ceffe à mes oreilles; dites-moi un peu ce que l'on entend par-là en France?

LA MAITRESSE.

Monfieur ne fait pas ça encore?

Oh, c'est bien plus beau qu'autrefois ! actuellement, Monsieur, tout le monde a le droit de faire des motions ; vous n'avez qu'à mettre la tête à la fenêtre, vous en entendrez dans le jardin. Et puis quand on a acheté une livre de pain, on est bien sûr de la manger, parce qu'on la fait escorter par un grenadier. Nous n'allons plus nous promener le Dimanche qu'entre deux sentinelles. Cela a bon air, Monsieur, on voit tout de suite que tout le monde est libre.

LA PEYROUSE.

Voilà certainement de grands caracteres de liberté. Mais est-on plus heureux ?

LA MAITRESSE.

Oh, non, Monsieur, tout le monde souffre. Les marchands sont ruinés, les ouvriers sont sans travail, les domestiques sans place, & vous ne trouverez pas un écu dans Paris.

LA PEYROUSE.

Tout ceci est désastreux. Je vois

que les grands seuls profitent de cette liberté aux dépens du peuple.

LA MAITRESSE.

Oh, que non, Monsieur. Les grands sont plus malheureux que nous encore. Ils sont tous chassés du royaume, on brûle leurs châteaux, on coupe leurs bois, & personne ne veut les payer.

LA PEYROUSE.

Mais qui profite donc de ce changement ?

LA MAITRESSE.

On dit que c'est l'homme.

LA PEYROUSE.

Mais quel homme ?

LA MAITRESSE.

Ma foi, ce n'est pas nous toujours. Si nous avions seulement du pain !

LA PEYROUSE.

Quoi, Madame, est-ce que la famine est en France ? Est-ce qu'il n'y a pas eu de récolte cette année?

LA MAITRESSE.

Oh, Monsieur, la plus belle qu'on ait jamais vue. Mais cela n'empêche pas que le pain ne soit la chose du monde la plus rare. Je vous jure que nous avons à Paris plus de poudre à canon que de farine.

LA PEYROUSE.

Mais quelle peut être la cause de cette disette?

LA MAITRESSE.

Vous le savez bien, Monsieur.

LA PEYROUSE.

Je vous jure que tout est un mystère pour moi.

LA MAITRESSE.

Mais, Monsieur, sait bien que ce sont les aristocrates.

LA PEYROUSE.

Je vous jure que je ne vous comprend pas.

LA MAITRESSE.

Tout le monde sait que les aristocrates empêchent les boulangers de cuire, les moulins de tourner, ils ne laissent pas même couler les rivières.

LA PEYROUSE.

Mais qu'entendez-vous par ces aristocrates ?

LA MAITRESSE.

Ce que j'entends ? Ces monstres qu'il faut égorger...... ces hommes..... tenez, je vais vous chercher les petits imprimés, ils ne parlent que de cela. (Elle veut sortir & rentre effrayée) entendez la nation....... écoutez.

LE PEUPLE (dans le jardin).

A la lanterne ! L'accapareur de bled ! L'aristocrate !

LA MAITRESSE.

Vous allez savoir, Monsieur, ce que c'est qu'un aristocrate, mais il faut vous dépêcher, car son affaire sera bientôt faite.... mettons nous à la fenêtre.. Oh, ciel ! ils sont a ma porte ! c'est peut-être mon mari qu'ils cherchent ! . . . . Ah : je suis perdue ! . . . si la nation entre ici, je suis ruinée.

SCENE III.

LA PEYROUSE, LA MAITRESSE, LE PEUPLE.

LE PEUPLE.

A LA lanterne ! il est ici ! (à la maîtresse) vous avez ici un accapareur. . . . . . . un aristocrate. . . . . il faut le pendre. . . . . . .

LA MAITRESSE. (à genoux & pleurant).

Graces, messieurs, graces pour lui ! Je vous jure qu'il n'a de pain que ce qu'il en faut pour nosseigneur les Députés !

LE PEUPLE (appercevant la Peyrouse).

Le voici ! le voici ! à la lanterne !

LA MAITRESSE.

Ciel ! ce n'eſt donc pas mon mari qu'ils cherchent !

LA PEYROUSE (ſe débattant).

Mais que me voulez-vous ?

LA MAITRESSE.

Meſſieurs les Citoyens, je vous aſſure que c'eſt un pauvre garçon qui ne ſe doute de rien. Il eſt ſi loin d'être un accaparateur, qu'il n'a pas mangé un morceau de pain de toute la journée.

UN HOMME DU PEUPLE
(tenant un billet).

Il ne ſe doute de rien ! le pauvre garçon !. Tenez, liſez ce billet.

(Il lit).

Je prie le premier commis de la marine de vouloir bien veiller à des grains que j'ai ſur mon vaiſſeau, & qui ſont pour moi de la plus grande importance.

Le Comte de la Peyrouse.

Je vous proteste, Messieurs, que ce sont quelques sacs de grains que j'apporte de mes voyages, pour faire des expériences.

Le Peuple.

Des expériences!.. Oui, à nos dépens!.. Tu vas faire une expérience que tu ne répéteras pas deux fois. . . . Allons à la lanterne! (Ils l'entraînent).

Un de la Troupe.

Attends, je vais faire son affaire; j'ai quatre charges dans mon fusil, (il vise la Peyrouse, le manque & tombe à la renverse).

Guillaume.

Son fusil a tiré à rebour, je crois qu'il s'est tué. (Il veut ramasser le fusil).

Le premier Homme
(qui a tiré).

Ciel ! Guillaume, prends garde à

ce que tu vas faire ! il y a encore quatre coups à tirer.

GUILLAUME.

Ah bin, puisqu'ils font si long-temps à partir, je n'avons pas le temps de les attendre, j'allons le mettre à la lanterne.

SCENE IV.
LA MAITRESSE.

LE malheureux garçon ! il a l'air si doux, si honnête ! je gagerois qu'il n'est point coupable ! Mon dieu ! encore si nous n'étions pas libres, on auroit pu le juger. . . . Apparemment que cela doit être comme cela pour la liberté, il faut d'abord chasser les Parlemens & la Justice. . . (Elle regarde à la fenêtre). Ciel ! le voilà pendu ! Cela suffoque ! . . . Ah ! la corde casse. . . Je n'y puis tenir. . . Je me trouve mal. . . . J'expire. . . (Elle tombe).

SCENE V.

BIMEAURA LA MAITRESSE.

BIMEAURA.

(Appercevant la maîtresse).

Madame du Club ? qu'avez-vous ? . . . . .
Elle se trouve mal. . . . (Il la secoue) Madame du Club ! Madame du Club.

LA MAITRESSE (revenant à elle).

Où suis-je ! ciel ! . . . Est-il mort ? le malheureux !

BIMEAURA.

Qui donc ?

LA MAITRESSE.

Hélas ! ce jeune homme qu'ils ont enlevé de chez moi.

BIMEAURA.

Non, soyez tranquille ! C'étoit un erreur. J'ai commandé au Peuple de se retirer.

LA MAITRESSE.

Tant mieux, Monsieur, c'est une bonne œuvre que vous avez faite...

BIMEAURA (à part).

Ce sont d'autres victimes qu'il me faut.

LA MAITRESSE.

Par cet acte d'humanité, je vois bien que vous n'êtes pas de l'avis de ces brigands. Il faudroit les faire pendre avec tous ceux qui les payent & les conduisent... Nous aurons cette consolation-là, n'en doutez pas. Ah! Monsieur, que la liberté me fait peur; j'ai bien de la peine à m'y accoutumer.

BIMEAURA.

Cela viendra, Madame du Club, cela viendra; en attendant, allez vous mettre dans votre lit.

LA MAITRESSE.

Oh! je le crois; ce qu'il y a de mieux à faire, c'est de goûter la liberté dans sa chambre bien fermée.

(Elle sort).

SCENE VI.

BIMEAURA (seul).

A QUEL affreux supplice me livrent l'incertitude & l'attente!... Non, jamais il ne résistera à cette épreuve!..... Elle ne peut enfin échapper à ma fureur!... Quelle vaste carriere va s'ouvrir devant moi. Reken fuira dans ses montagnes, Laibil rentrera dans le néant d'où il est sorti; Yetafet!... Yetafet ne vivra... Yetafet périra.

SCENE VII.

BIMEAURA, MONTMICY, CATEPANE, ALMENANDRE, MOLA (entrent successivement.)

MONTMICY.

AH! cher Bimeaura, que cette rencontre est heureuse pour moi. Depuis un mois je cherchois à avoir avec vous un entretien secret.

BIMEAURA.

Que ne parliez-vous, mon enfant, vous connoissez mes dispositions pour vous.

MONTMICY.

Je sais tous ce que je vous dois ; mais depuis long-temps vous ne m'avez rien fait faire, & si vous m'abandonniez à moi-même, je serai bientôt oublié du public.

BIMEAURA.

Vous ne vous plaindrez pas de ma négligence, quand vous lirez cette motion que j'ai préparée pour vous; elle vous fera le plus grand honneur; il s'agit d'anéantir tous les titres, de supprimer tous les cordons; soyez sûr que c'est du bon.

MONTMICY.

Je reconnois-là vos bontés paternelles.

BIMEAURA.

Allez la lire dans un coin ; j'apperçois Catepane qui vient à nous..... Eh bien, Catepane, vous êtes donc bien affligé des réflexions qu'on a faites sur ces arrêts de surcéance.

CATEPANE.

Oh, cela ne me fait d'autre peine que le tort que cela fait à mon crédit ; c'étoit des choses inutiles à dire ; mais Messieurs les journalistes ne se gênent sur rien ; ils pourroient cependant se contenter de l'abandon que nous leur avons fait des aristocrates, & ménager les citoyens honnêtes.

BIMEAURA.

Que me donneras-tu si je te tire de cet embarras ?

CATEPANE.

Ma foi, dix pour cent dans mon premier emprunt. Mais, que ferez-vous, Bimeaura ?

BIMEAURA.

Tiens, va méditer ce mémoire sur

les économies à faire dans la maison du roi & celle de la reine ; tu en tireras parti pour tes affaires ; il y aura des arrangemens à prendre avec les gens à garder & ceux à renvoyer.... Tu m'entends ?

CATEPANE.

Si je vous entends ? Je vous avoit deviné avant que vous n'eussiez achevé de parler.

ALMENANDRE.

Bon jour, Bimeaura.

BIMEAURA.

Ah ! je ne m'attendois pas à cette surprise.

(Catepane se retire à l'écart pour lire.)

ALMENANDRE.

Je ne croyois pas que ma présence vous fît cet effet. J'ai un assez grand intérêt pour me présenter souvent devant vous. Je compte toujours, comme vous savez, que vous me porterez au ministere de la marine ;

mais

mais je ne vois point réalifer cette efpérance.

BIMEAURA.

Patience, Almenandre ; c'eft déjà beaucoup pour un homme de votre âge d'avoir cru parvenir à ce pofte éminent. Mais voici votre frere Mola qui a plus que vous befoin d'être confolé. (*à Mola*) D'où te vient, mon cher Mola, cette fombre trifteffe ?

MOLA.

Ah ! d'où elle me vient ! avec le plus grand defir de faire, rien ne me réuffit. Quand je fais le Ciceron on me hue ; quand je deviens Céfar on me berne ; il n'y a pas là de quoi fe réjouir.

BIMEAURA.

Confole toi, Mola, je te promets de te faire parler tous les jours à l'affemblée pendant un quart-d'heure, fans te compromettre. Tu liras le procès-verbal ; car je te ferai fecrétaire de l'assemblée, en attendant que ton frere puisse être secrétaire d'état. Adieu, mes enfans, je vous laisse ensemble, de plus grands objets m'attirent ailleurs.

SCENE VIII.

MONTMICI, CATEPANE, ALMENANDRE, MOLA,

MONTMICI [*finissant la lecture.*]

C'EST parfaitement constitutionnel.

CATEPANE (*de même*)

Je suis très-content, ça rendra.

MONTMICI.

Messieurs, avez-vous lu dans l'ami du peuple tout ce qu'on a dit de moi.

MOLA.

Je sais que tu as pour toi l'*Ami du peuple*; moi je n'existe que dans le *journal de Paris*, &

cette exiftence vaut bien la tienne. Ce journal a eu depuis deux mois une grande vogue; il avoit d'abord adopté une plate gravité; il avoit de la prétention à l'impartialité, & on ne le voyoit que dans les maifons des ariftocrates, qui appelloient cette maniere un excellent ton.

MONTMICI.

Ah ! parbleu, c'eft bien trouvé ; c'eft du bon ton qu'il faut avec la liberté.

MOLA.

Ce fons de ces vieux radots qu'il faut leur paffer; mais, ma foi, depuis quelque temps ce journal eft devenu bien bon, il eft plein de cette fainte fureur de l'égalité; il fourmille de ces raifonnemens terribles qui renverfent tout ; auffi il n'y a pas un cabaret où on ne le life ; on le préfére déjà au patriote ; il a cela de charmant pour nous , c'eft qu'il ne rend pas compte de nos féances, tout eft du cru de l'auteur; il développe fes principes & fes opinions avec bien plus d'aifance qu'il ne pourroit faire dans cette diable d'assemblée, qui n'est pas endurante.

ALMENANDRE.

Et c'est en cela qu'il est plus utile. J'avoue que c'est lui qui a décidé mon opinion sur les biens du Clergé, par ce beau raisonnement qu'il a mis dans son Journal, raisonnement que je regarde comme une des plus grandes découvertes de ce siècle.

MONTMICI.

Qu'est-ce donc ? Je ne me le rappelle pas.

ALMENANDRE.

Lorsqu'il a dit : si le Clergé est propriétaire de ses biens, les Officiers de la marine se croiront aussi propriétaires des vaisseaux du Roi. Je trouve qu'il n'y a rien à répondre à cela. Voyez quelle adresse d'avoir lié cette affaire à la défense du Royaume, aux intérêts du commerce; moi qui vois la marine en grand, & qui ai des vues sur elle, je n'ai pu résister à ce trait de lumière.

MONTMICI.

Il faudra que je me faſſe de ſes amis. Car je n'ai pas été trop content de la peinture qu'a fait l'ami du Peuple de la maniere dont j'ai lancé ma Préalable. La Préalable a, je l'avoue, de grands charmes pour moi. Cela évite les diſcuſſions, & met tout le monde d'accord. Si l'on avoit lancé la Préalable dès la première ſéance de l'Aſſemblée, nous ne ſerions pas où nous en ſommes.

MOLA.

Pour moi, quand je me permets de faire le Ciceron, j'ai toujours bien de la peine à me défendre de la diviſion. C'eſt ma patrie. Cela donne double beſogne, & developpe le caractère.

CATEPANE.

Pluſieurs de mes amis m'ont conſeillé de me livrer à l'amandement; mais c'eſt un travail pénible, pour lequel je ne me ſuis pas ſenti bien diſpoſé.

ALMENANDRÈ.

Quant à moi, j'ai senti que lorsque tout le monde avoit pensé & discuté, la partie de la rédaction me meneroit loin, aussi ai-je cru quelque tems que j'allois être secrétaire d'état.

MOLA.

J'avoue que je préfere à tous les ministères la gloire que s'est acquise le grand Banaver, le jour où par son éloquence sublime & touchante, il a consolé en quatre mots toute la France des prétendus attentats commis sur Foulon & Berthier. Je n'ai d'autre ambition que la gloire de l'éloquence, je balancerois entre la campagne des annonciades & un bon mot de Romestierre.

CATEPANE.

Mais tu n'envies pas autant les rôles de Mounier, Lalli & Bergasse.

MOLA.

Ah! ce sont de grand's gueux.

MONTMICI.

Messieurs, voici une motion que je propose en peu de mots. Allons à l'opera.

MOLA.

Je suis de l'avis du préopinant.

CATEPANE.

Quoi, Mola, il faut te huer sur une motion de ce gonre là. Il falloit dire : j'appuie la motion, puisque tu parlois le second; c'est à moi à être de l'avis du préopinant. Apprends au moins à les former.

ALMENANDRE.

Messieurs, la délibération est unanime, car je donne ma voix pour la motion, ainsi partons.

ACTE IV.
SCENE PREMIERE.
BIMEAURA, PECHEILLAR.

BIMEAURA.

Sa douleur, cher Pecheillar, alarme mon cœur.

PECHEILLAR.

Tes allarmes ne font que trop bien fondées. Tout est manqué. Le détestable dévouement du Roi, sa perfide humanité ont déjoué l'intrigue la mieux ordie... Mais à quoi sert-il de te détailler nos désastres.

BIMEAURA.

Ah! parle, je t'en conjure, il est important de m'instruire.

PECHEILLARD.

Eh bien! apprends en peu de mots que cette colonne redoutable d'hommes déguisés, de soldats, d'artillerie menaçante, n'ont pu ébranler le monarque dans sa résolution, il s'est présenté à son peuple avec la confiance d'un père. Nous avons répandu beaucoup de sang, pour exciter au carnage, mais les Gardes-du-corps se sont laissé massacrer sans se défendre, victimes de leur modération & de leur obéissance. Rien n'a plus dérangé nos plans, que ce ridicule caprice, que les Aristocrates appellent un sentiment noble & généreux, auquel les Gardes-Françaises se sont abandonnés pour arracher à une juste mort les ennemis de la patrie. Cependant, au milieu de ce désordre, nous avons pénétré jusques dans l'appartement de la reine ; les assassins, jusqu'à ce moment, ont soutenu leur résolution : si tu savois quel homme entretenoit leur féroce courage ! enfin nous arrivons auprès du lit Royal, dix lances & vingt poignards se levent à la fois ; . . la reine s'étoit sauvée, elle avoit trouvé un refuge dans les bras de son époux. Nous n'avons pas cependant encore renoncé à notre entreprise. Trois fois nous l'avons appellée sur le balcon, & trois fois son courage

& cet air de majesté qui brille en sa personne a déconcerté les conjurés... Les traitres n'avoient plus ni ame, ni bras, pour vouloir & pour agir... L'armée s'est enfin emparée de la personne du roi & de la famille, ils entrent dans la capitale.

BIMEAURA (*avec désespoir*).

Ainsi Yetafet triomphe, & le monarque va voir augmenter l'amour de ses sujets ! Tout est donc perdu !... Mais, non, il me reste encore un parti puissant, l'intrigue & la terreur.

PECHEILLAR.

Voici une lettre qu'un de nos fidèles m'a chargé de te remettre en mains propres.

BIMEAURA.

Donne vîte..... (*il la lit bas & finit haut*).

. . . .
. . . .

« Traitre ! je pars. Tu accuferas fans doute
» mon courage. Mais j'aime mieux avoir l'ap-
» parence de la foibleffe, que de me couvrir
» avec toi de la gloire des fcélérats ».

Le monftre ! tout m'abandonne à-la-fois !

SCENE II.

MOUNIER, BIMEAURA, PEYCHEILLAR.

MOUNIER.

Tu triomphes, Bimeaura, des nouveaux déf-
ordres qui affligent la France !

BIMEAURA (*à-part*).

Je triomphe ! j'ai la rage dans le cœur !

MOUNIER.

Le malheur rend peut-être injufte ! mais ton
nom accompagne toujours les gémiffemens de
la France défolée.

BIMEAURA.

Je m'embarrasse peu de ce que disent les ennemis de la liberté.

MOUNIER.

Les ennemis de la liberté ! ah, Bimeaura, songe que c'est moi qui te parle ; & l'homme qui a le courage de braver le despotisme du crime, est plus digne que toi de la liberté.

BIMEAURA.

Pourquoi donc te trouvons-nous toujours opposé aux vrais amis du peuple.

MOUNIER.

Je ne me flatte point ici de t'instruire ou de te convertir. Tu sais mieux que moi, qu'un homme impartial ne peut confondre la liberté avec la licence d'un parti & les excès du peuple. Tu sens que nous ne pouvons pas croire à la liberté, lorsque le premier citoyen de l'état gémit dans les rigueurs de la captivité ; lorsque la force protectrice est anéantie de toute part; lorsque la démocratie, incompatible avec notre population, notre position géographique, & nos mœurs, est la seule ressource qu'on nous offre; après l'anarchie dans laquelle nous sommes plongés; la liberté existe, dit-on, dans la balance des pouvoirs, & juge de quel côté penche la banlance, puisque de simples femmes ont suffi pour priver même de la liberté, le monarque qui doit contre-balancer les excès de l'autorité populaire; tu sens que lorsque la liberté, que tu prétends avoir conquise, n'est qu'une calamité publique, il est impossible de ne pas regretter celle qui nous étoit offerte & que nous obtenions sans convulsion.

BIMEAURA.

Je reconnois-là les derniers regrets de l'aristocratie expirante, & qui ne peut rendre hommage à l'autorité souveraine du peuple.

MOUNIER.

Ce n'est pas à moi sans doute que tu comptes

en impofer par cette ridicule expreſſion. Reſerve tes reſſorts uſés pour ce peuple malheureux que tes intrigues agitent. Sans doute il m'eſt démontré qu'il faut que le peuple règne pour que les ſcélérats intrigans ſoient maîtres. Tu ne t'es fait tribun que parce que tu ne pouvois pas être deſpote : & ces prétendus ariſtocrates ſont ſi éloignés de te diſputer l'autorité que tu veux acquérir, que s'il étoit poſſible de rappeller le deſpotiſme, qui pour jamais a fui ces contrées, ils te rapprocheroient du trône. Au reſte, je ne me diſſimulé par tes ſuccès. Toi & tes coupables adhérans, vous n'avez que trop bien joué votre rôle ; vous avez ſupplanté ceux qui exerçoient l'autorité, pour vous mettre à leur place ; l'édifice de votre puiſſance s'élève au milieu des ruines ; le ſang a cimenté vos trophées, mais ſonge que les larmes peuvent les diſſoudre. Le dernier terme de l'autorité eſt ſouvent la perte des ambitieux, actuellement que vous l'avez toute acquiſe...

BIMEAURA (*à part*).

Toute acquife ! ce mot eft cruel, au moment où elle m'échappe !

MOUNIER.

Nous allons voir quel ufage vous en faurez faire. Crois-tu que la liberté ne répugne pas à ces recherches inquifitoriales, à ces délations, à ces entraves qui gênent & l'opinion & la marche des citoyens.

Il eft plus dangereux d'approfondir la conduite de nos démagogues, que celle de nos anciens defpotes. Enfin je fuis un citoyen comme toi, libre comme toi, & il me faut une efpèce de courage pour dire que je défapprouve tes principes.

Je crois que tu bouleverfes fans précaution ma trifte patrie, & je ne puis éclairer mes concitoyens ! fi tu ne défirois que le bonheur de la France, pourquoi étouffer nos voix au lieu de juger nos principes. Crois-tu que la fureur & l'emportement foient des fituations faites pour des législateurs ? Nous espérions une constitution sage d'un pouvoir législatif, & nous ne devons plus attendre qe'une révolution funeste d'un pouvoir convulsif.

Tout est à la fois ébranlé, tout est à l'essai dans l'Empire, les passions s'agitent dans tous les sens, c'est sur ce fonds mobile que tu compromets les destinées de la France, que tu prétends élever tout à coup un édifice où nos mœurs, nos habitudes & nos sentimens seront également contrariés. Ah ! rends au charlatanisme la magie des surprises, & que la saine politique déploie avec sagesse l'art heureux des tempéramens !

BIMEAURA,

Il n'est pas juste que je reçoive seul cette bordée de patriotisme, j'en abandonne le reste à l'ambitieux qui se présente.

Pièce Tragi-Politi-Comique.

SCENE III.

MOUNIER, YETAFET.

MOUNIER (*à Bimeaura qui sort*).

Oui sans doute, je n'ai pour tous les hommes qu'un poids & une balance.

YETAFET.

Ce n'est pas moi, j'espère, que vous confondez avec ce traître.

MOUNIER.

Yetafet, vous n'attendez pas de moi, que dans ce moment d'attentats de tous genres je déguise mes opinions; plus vous avez élevé votre puissance, plus j'exhale ma liberté & mon courage.

YETAFET.

Que dites-vous de ma puissance ? Je ne fais qu'obéir au peuple qui commande.

MOUNIER.

Je suis familiarisé avec le langage du démagogue, il doit l'attribuer tout au peuple qu'il conduit. Mais enfin, Yetafet, vous n'espérez pas pouvoir étouffer ce cri qui vous demandera éternellement compte de la liberté de notre roi ; vous direz sans doute un jour pourquoi vous avez ignoré seul dans Paris les mouvemens du peuple ; pourquoi vous avez assuré que tout étoit calme, au moment où on alloit tout égorger. Je ne vous dirai qu'un mot. Ou vous avez fomenté ces derniers troubles, & vous êtes un traître ; ou vous les avez ignorés, & vous êtes un général incapable. Il faut ici sacrifier votre conscience ou votre amour propre. Je vous abandonne peut-être aux déchiremens de l'un & de l'autre.

(*Il sort.*)

SCENE IV.

YETAFET, (*seul*).

Ils ne m'ont que trop deviné ! j'espérois conserver ma popularité & mon crédit.... L'un & l'autre sont également compromis ; je n'ai trompé ni le monarque, ni le peuple, & dans cette affreuse journée, j'ai donc uniquement servi les intérêts de Bimeaura.

SCENE V.

LA PEYROUSSE, YETAFET.

Yetafet, je me mets sous ta sauve-garde. J'ignore tous les nouveaux usages de ma patrie, & mes moindres actions deviennent des crimes. Sauvez-moi des périls où mon ignorance me plonge

YETAFET.

Ton embarras me touche & tes peines ne dureront pas long-temps. Je te fais caporal dans la milice, endoffe l'uniforme, alors tu pourras agir & parler. Rends compte de tes travaux à l'affemblée, & peut-être obtiendras-tu pour récompenfe l'honneur d'affifter à une des féances. Adieu.

SCENE VI.

LAPEYROUSE (*feul*).

Voila donc le terme de mes travaux pénibles. Mais je dois m'oublier moi-même au milieu des malheurs qui accablent mon Roi.

SCENE VII.

LA PEYROUSE, O PARIA.

O PARIA (*tout couvert de rubans*).

PARTONS pour la France, capitaine! partons, je viens de voir apprêter le repas de nation! des têtes fanglantes! des cadavres déchirés! c'eft qnelque bête féroce qui vit de chair humaine, partons pour la France. Partons.

LA PEYROUSE.

D'où vient cet accoutrement nouveau?

O PARIA.

C'eft un préfervatif contre fa voracité.

LA PEYROUSE.

Oui, partons, o Paria, fuions ces terribles contrées. Je croyois y recevoir un autre accueil, & si tout le monde n'est pas dupe, la découverte des gens qui profitent de cet affreux bouleversement, sera le problême dont la solution occupera mes vieux jours.

F I N.

www.ingramcontent.com/pod-product-compliance
Lightning Source LLC
LaVergne TN
LVHW052110090426
835512LV00035B/1487